Pregunta al
Dr. Edi Lupa

sobre

El planeta Tierra

Escrito por
Claire Llewellyn

Ilustrado por
Kate Sheppard

Claire
(Autora)

Kate
(Ilustradora)

Para Annie y Kenneth,
con cariño — K.S.

De la edición en español © Edilupa Ediciones

Edición original: ©Kingfisher Publications Plc

Textos e idea: © Claire Llewellyn

Traducción al español: Irene Sánchez Almagro

Maquetación de cubiertas: Dessin, S.L.

Maquetación interior: Carlos Muñoz Pozo

ISBN: 978-84-96609-46-4

Primera edición Octubre 2009

Edilupa Ediciones, S.L.

C/ Talavera, 9

28016 MADRID

España

www.lisma.es

Pregunta al Dr. Edi Lupa sobre...

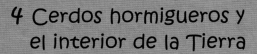
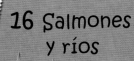

matorral

¿En busca del éxito?

Querido Dr. Edi Lupa:
Soy un cerdo hormiguero y un hacha cavando madrigueras. Sólo decirte que tengo una tan profunda, que podría caber en ella un árbol bastante grande. Unos amigos me han retado a excavar hasta el otro extremo de la Tierra. Sé que lo haría sin problemas, pero agradecería cualquier consejo.

Confiado, en el desierto del Kalahari

EL DESIERTO CORREOS
26 marzo

Dr Edi Lupa

C/ Volando sobre el agua

Arroyo fresco, 321

El Soto

Cerdo hormiguero

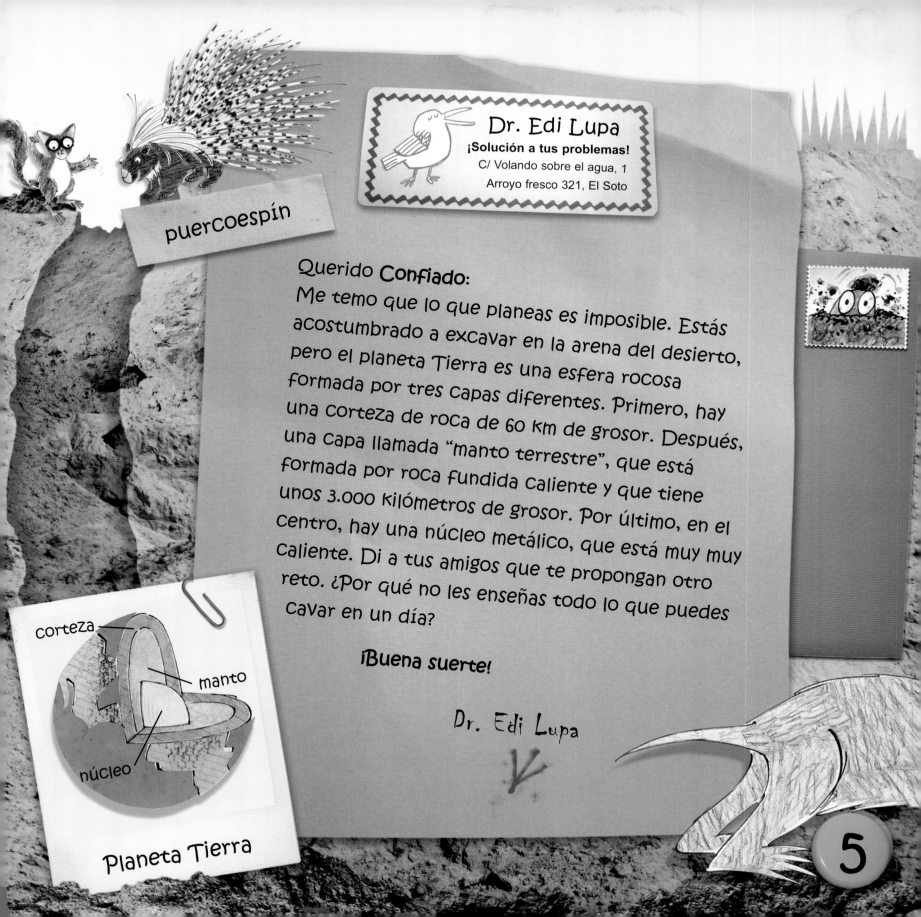

puercoespín

Dr. Edi Lupa
¡Solución a tus problemas!
C/ Volando sobre el agua, 1
Arroyo fresco 321, El Soto

Querido **Confiado**:
Me temo que lo que planeas es imposible. Estás acostumbrado a excavar en la arena del desierto, pero el planeta Tierra es una esfera rocosa formada por tres capas diferentes. Primero, hay una corteza de roca de 60 km de grosor. Después, una capa llamada "manto terrestre", que está formada por roca fundida caliente y que tiene unos 3.000 kilómetros de grosor. Por último, en el centro, hay una núcleo metálico, que está muy muy caliente. Di a tus amigos que te propongan otro reto. ¿Por qué no les enseñas todo lo que puedes cavar en un día?

¡Buena suerte!

Dr. Edi Lupa

corteza
manto
núcleo

Planeta Tierra

5

Aquí un emú emocionado

Relaciones a distancia

Querido Dr. Edi Lupa:

Soy un emú que vive en Australia. Aquí tengo poca familia, pero me han dado una noticia muy emocionante. Dicen que tengo muchos parientes que no conozco. Se llaman avestruces, y por lo visto somos muy parecidos.

Me encantaría contactar con ellas, ¿alguna idea sobre cómo hacerlo?

Buscando familia,
Cabeza abajo

EL OUTBACK
CORREOS
16 mayo

Dr. Edi Lupa

C/ Volando sobre el agua, 1

Arroyo fresco, 321

El Soto

6

pollitos de emú

emú

Dr. Edi Lupa
¡Solución a tus problemas!
C/ Volando sobre el agua, 1
Arroyo fresco 321, El Soto

Querido **Buscando familia:**
Es verdad que estás emparentado con las avestruces, pero vivís en continentes diferentes. Los continentes son grandes masas de tierra, y el mundo tiene siete en total. Están separados entre sí por los océanos y mares de la Tierra. Las avestruces viven en el continente llamado África, mientras que tú resides a más de 8.000 kilómetros al otro lado del océano Índico, en el continente llamado Australia. Siento decirte que no podrás visitar a tus parientes, pero espero que te guste la foto que te envío. Así podrás ver tú mismo lo parecidos que sois.

Saludos cordiales,

Dr. Edi Lupa

avestruz

Pasa la página para saber **más** sobre los continentes y los océanos...

7

Guía del Dr. Edi Lupa sobre los océanos y continentes

La superficie de la Tierra está cubierta por siete grandes placas de tierra, conocidas como continentes, y por cinco grandes zonas de agua llamadas océanos. La superficie de la Tierra suele dibujarse en plano en los mapas, pero lo cierto es que la Tierra es una esfera, que puede verse mejor en un globo terráqueo.

Océano Ártico

EUROPA

ASIA

AMÉRICA DEL NORTE

Océano Atlántico

Océano Pacífico

ÁFRICA

Océano Pacífico

AMÉRICA DEL SUR

Ecuador

Océano Índico

AUSTRALIA

Océano Antártico

ANTÁRTIDA

Mapa de los océanos y continentes de la Tierra

Un globo terráqueo es una esfera, como la propia Tierra.

En un globo terráqueo sólo podemos ver parte de la Tierra de un vistazo.

Los dos extremos de la Tierra se llaman Polo Norte y Polo Sur.

El Ecuador es una línea imaginaria que rodea el centro de la Tierra.

Polo Norte

ASIA

EUROPA

ÁFRICA

Ecuador

al Polo Sur

chimpancé

9

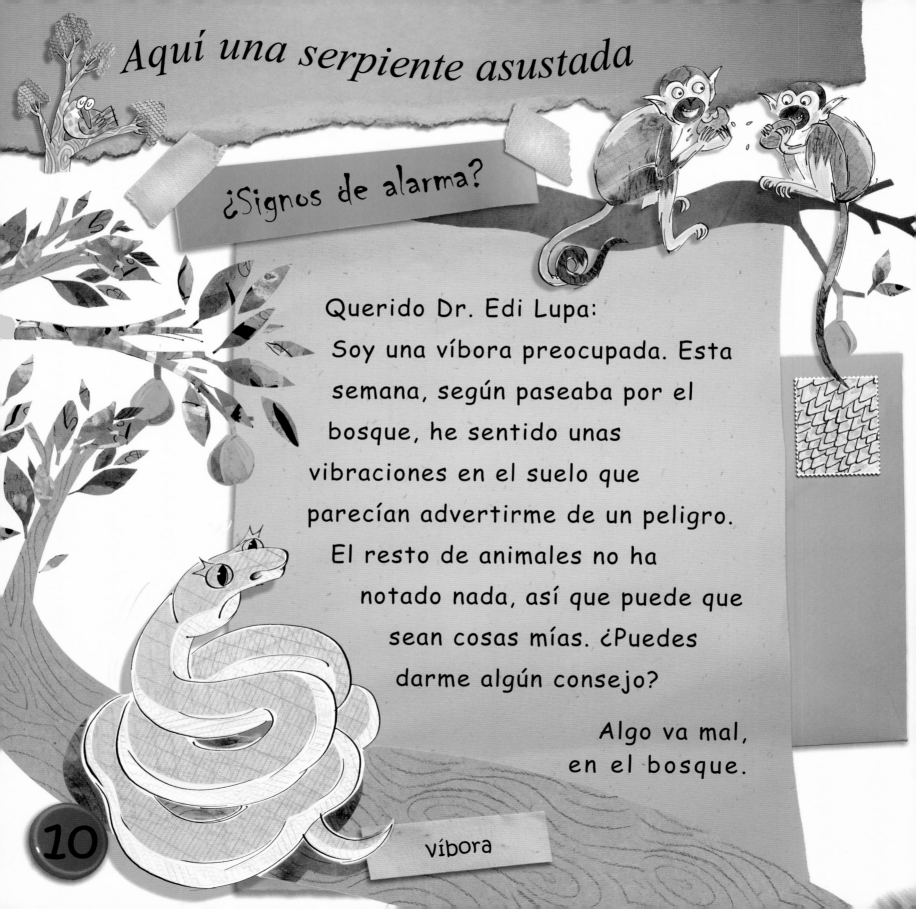

¿Signos de alarma?

Querido Dr. Edi Lupa:

Soy una víbora preocupada. Esta semana, según paseaba por el bosque, he sentido unas vibraciones en el suelo que parecían advertirme de un peligro. El resto de animales no ha notado nada, así que puede que sean cosas mías. ¿Puedes darme algún consejo?

Algo va mal, en el bosque.

10

víbora

Dr. Edi Lupa
¡Solución a tus problemas!
C/ Volando sobre el agua, 1
Arroyo fresco 321, El Soto

monos

Querida **Algo va mal**:

Vosotras las serpientes sois criaturas sensibles, por lo que supongo que estás sintiendo pequeños movimientos, llamados temblores, del interior de la Tierra. Nuestro planeta no es tan sólido como parece. Su corteza está dividida en placas que flotan sobre la roca caliente y fundida que tienen debajo. En las zonas en las que se juntan dos placas, pueden darse pequeños choques que provocan terremotos, lo que hace que la tierra tiemble, o incluso que se abran grietas. Algunos terremotos son muy suaves, pero lo mejor es buscar un árbol fuerte y refugiarse en él.

¡Buena suerte!

Dr. Edi Lupa

Aquí una chinchilla gruñona

¡Que echo humo!

Querido Dr. Edi Lupa:

Soy una chinchilla y vivo en los Andes. Esta semana no he podido pegar ojo. Hay una fiesta en el valle con fuegos artificiales: están lanzando al aire llamas, chispas y nubes de humo. Disfruto de las fiestas como la que más, pero estar así cuatro días y cuatro noches ya es pasarse. ¿Qué está pasando últimamente con las buenas maneras?

Insomne,
en Sudamérica

chinchillas

Dr. Edi Lupa
¡Solución a tus problemas!
C/ Volando sobre el agua, 1
Arroyo fresco 321, El Soto

Querida **Insomne:**

Sospecho que no se celebra una fiesta con fuegos artificiales, sino que se trata de un volcán en erupción. Un volcán es un tipo especial de montaña que en ocasiones explota y envía roca fundida y caliente, gas y cenizas al aire. La roca, que se llama lava, proviene del centro de la Tierra, y se lanza a través de un orificio, o chimenea, a la corteza. Poco a poco, el volcán irá calmándose, y la lava se enfriará hasta convertirse en piedra dura. Los volcanes activos entran en erupción de vez en cuando. Estás claramente a una distancia segura, así que puedes quedarte tranquila en tu madriguera. Si te acercaras, tendrías que huir de los gases y cenizas tóxicos.

Un saludo,

Dr. Edi Lupa

volcán en erupción

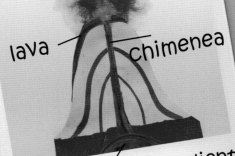

lava — chimenea

volcán — magma caliente subterráneo

Pasa la página para saber
más sobre las montañas...

Guía del Dr. Edi Lupa sobre las montañas

Las montañas son zonas en las que el suelo se alza de manera abrupta y se eleva mucho. No todas las montañas son volcanes, y muchas de ellas se extienden largas distancias formando cordilleras. Son lugares salvajes de paisaje espectacular.

La nieve y el hielo forman arroyos al derretirse que llegan hasta los valles.

osos

Los valles están más protegidos del viento que los picos de las montañas.

En verano, los prados se llenan de flores.

prado

Los picos altos siempre están cubiertos de nieve. Hace demasiado frío como para que crezcan árboles.

ganso

La nieve se resquebraja y conforma glaciares que van deslizándose por las laderas.

cabra

Los árboles de hoja perenne tienen las ramas inclinadas para que no les afecte la nieve.

Los mejores consejos del Dr. Edi Lupa

Las montañas son rocosas y muy frías. NO viváis en ellas a menos que conozcáis el terreno y estéis preparados para el frío.

Pájaros, si emigráis largas distancias, UTLIZAD las montañas para orientaros. Los picos nevados son marcas que se avistan fácilmente desde el aire.

Todos DEBÉIS buscar y estar atentos a los arroyos. Llevan el agua más limpia que podéis beber.

15

¿Por dónde queda el mar?

Querido Dr. Edi Lupa:

Soy un joven salmón que vive en un arroyo de alta montaña. Mi amigo el topillo acuático me ha dicho que dentro de poco me iré de viaje por el mar. Suena muy interesante, pero tengo que saber más cosas al respecto. ¿Cómo será el viaje?, ¿qué pasa si me pierdo?, y, ante todo, ¿qué es el mar?

Pescando respuestas,
en el arroyo

topillo acuático

salmón

Dr. Edi Lupa
¡Solución a tus problemas!
C/ Volando sobre el agua, 1
Arroyo fresco 321, El Soto

Querido **Pescando respuestas**:

Los pequeños salmones nacéis en los ríos, pero tras unos años nadáis río abajo y pasáis parte de vuestra vida en el mar. El mar es una gran masa de agua. Este agua, junto con la de otros mares y océanos, cubre dos tercios de la superficie de la Tierra. El mar es un gran sitio en el que vivir y crecer, porque está repleto de alimentos. El viaje es sencillo y no tiene pérdida. Simplemente déjate llevar por la corriente según desciende. Después, tu arroyo se unirá con otros y se convertirá en un río mucho mayor. Todos los ríos, por muy largos que sean, acaban yendo a parar al mar.

¡Buen viaje!

Dr. Edi Lupa

Pasa la página para saber
más sobre los ríos...

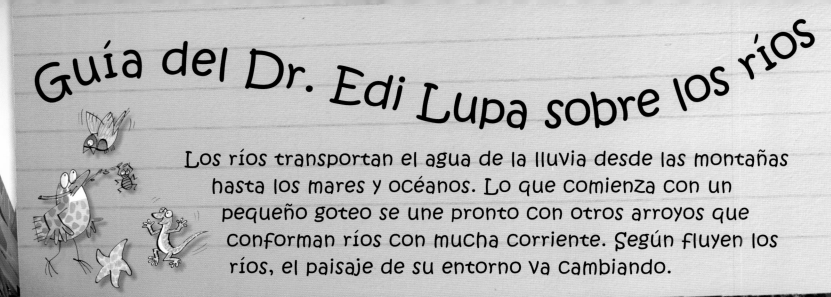

Guía del Dr. Edi Lupa sobre los ríos

Los ríos transportan el agua de la lluvia desde las montañas hasta los mares y océanos. Lo que comienza con un pequeño goteo se une pronto con otros arroyos que conforman ríos con mucha corriente. Según fluyen los ríos, el paisaje de su entorno va cambiando.

montañas

2. Los manantiales van convirtiéndose en arroyos.

1. El manantial fluye de la tierra.

3. Los arroyos se unen y forman ríos más anchos.

Los mejores consejos del Dr. Edi Lupa

⭐ Los ríos pueden transportar grandes rocas. Animales acuáticos, mucho CUIDADO con ellas cuando nadéis.

⭐ NO os preocupéis si el río está marrón y con barro. Eso significa simplemente que lleva arena y tierra.

⭐ Tras una lluvia fuerte, los ríos pueden desbordarse. Animales terrestres, QUEDAOS en zonas altas y secas.

4. Los ríos fluyen más lentamente en zonas llanas.

río

5. En la desembocadura de los ríos, su agua llega al mar.

mar

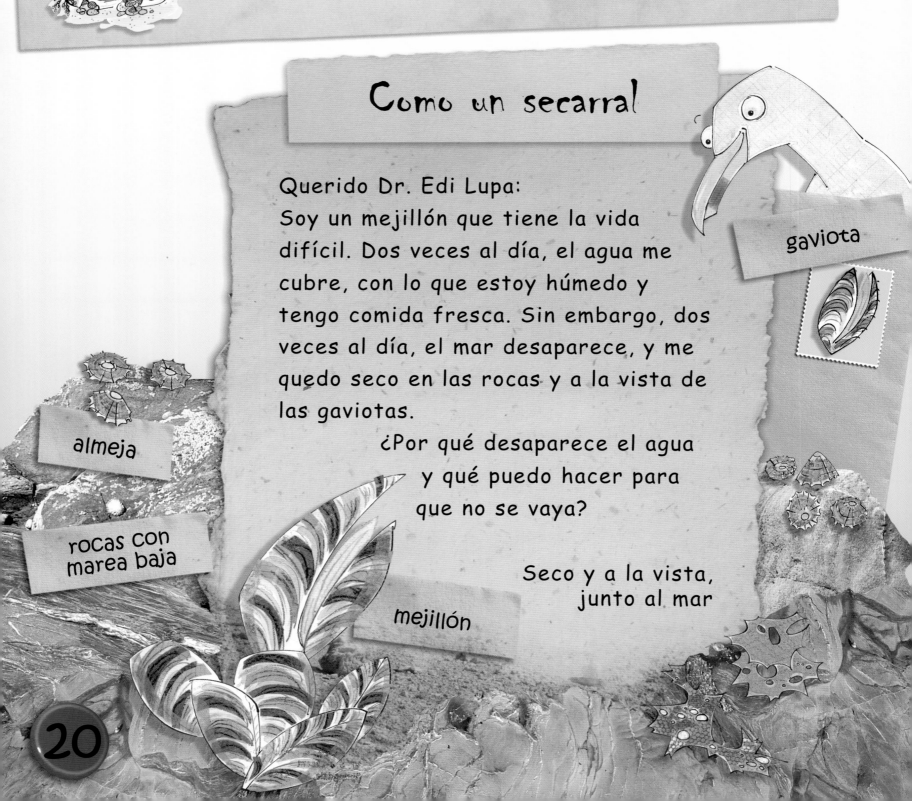

Como un secarral

Querido Dr. Edi Lupa:

Soy un mejillón que tiene la vida difícil. Dos veces al día, el agua me cubre, con lo que estoy húmedo y tengo comida fresca. Sin embargo, dos veces al día, el mar desaparece, y me quedo seco en las rocas y a la vista de las gaviotas.

¿Por qué desaparece el agua y qué puedo hacer para que no se vaya?

Seco y a la vista,
junto al mar

gaviota

almeja

rocas con marea baja

mejillón

20

Dr. Edi Lupa
¡Solución a tus problemas!
C/ Volando sobre el agua, 1
Arroyo fresco 321, El Soto

Querido **Seco y a la vista**:

Lamento decirte que no hay manera de controlar el mar. Dos veces al día, con la marea alta, el agua sube hasta la costa. Dos veces al día, con la marea baja, vuelve a alejarse. Las mareas las provoca la Luna, que tiene una fuerza, llamada "gravedad", que atrae a nuestro planeta y a sus aguas. Las mareas hacen que las costas sean un lugar difícil en el que vivir, pero, por lo menos, las tuyas son húmedas. En ellas hay recovecos que conservan el agua de la marea alta y proporcionan humedad y alimento. Ah, y ¡no te preocupes! tu dura concha te protegerá de las gaviotas.

Mis mejores deseos,

Dr. Edi Lupa

cangrejo

estrella de mar

rocas con
marea alta

algas

21

Aquí un pingüino congelado

pingüinos adultos

Frío en la colonia

Querido Dr. Edi Lupa:

Soy un polluelo de pingüino emperador y no estoy muy contento con el sitio que me ha tocado. Es un páramo helado con fuertes vientos y nieve. Aunque mis papás me quieren mucho y mi colonia es agradable, me siento en el fin del mundo. ¿Hay algo bueno en este lugar?

Tiritando sobre el hielo

pollitos apiñándose

gambas

Dr. Edi Lupa

¡Solución a tus problemas!
C/ Volando sobre el agua, 1
Arroyo fresco 321, El Soto

Querido **Tiritando:**

Tienes razón: vives en el fin del mundo, en un extremo de la Tierra, en el Polo Sur. Este territorio recibe el nombre de Antártida, y su clima es muy duro. En invierno, las temperaturas alcanzan los 70°C bajo cero. Pero no te preocupes, tú y el resto de pingüinos estáis perfectamente adaptados al frío. Tenéis una capa de grasa bajo la piel, y gruesas plumas que os mantienen calientes. Muy pronto estarás nadando en el océano, disfrutando de jugosos peces y gambas. Entonces, no querrás cambiar tu helado hogar por ningún otro lugar de la Tierra.

¡Mucha suerte!

Dr. Edi Lupa

Pasa la página para saber
más sobre los climas...

Guía del Dr. Edi Lupa sobre los climas de la Tierra

Cada parte del mundo tiene unas características climáticas propias. En algunas zonas, el clima puede ser cálido y húmedo. En otras, frío y seco. Esto afecta a los tipos de plantas y animales que pueden vivir en ellas.

desierto

taiga
(bosque de coníferas)

dehesa

Muy seco durante todo el año. Las plantas y animales tienen difícil la supervivencia. Los cactus y los camellos viven aquí con facilidad.

Inviernos gélidos y veranos cálidos. Los árboles de hoja perenne son refugio de renos y lobos.

Cálida durante todo el año, con lluvias estacionales. Los pastos sirven de alimento a antílopes y ñúes.

bosque de hoja caduca

los polos

la selva

Clima templado con cuatro estaciones: primavera, verano, otoño e invierno. Los árboles pierden las hojas en invierno.

Inviernos largos, gélidos y oscuros y cortos veranos. Es hogar de osos polares y de focas.

Cálida y húmeda durante todo el año. La densa selva es hogar de monos, tucanes y jaguares.

Los mejores consejos del Dr. Edi Lupa

 ¿El verano es demasiado caluroso? ¿El invierno es demasiado frío? PIENSA en irte a la costa, donde el clima es más suave y húmedo que en el interior.

 ¿Estás helado? DESPLÁZATE a zonas de menor altitud. La temperatura es siempre más fría en los sitios altos.

 Con el tiempo, el clima puede cambiar. MIGRA a zonas nuevas, si te resultan más agradables.

25

¡Que vuelva la luz!

Querido Dr. Edi Lupa:

Soy un cachorro de guepardo que tiene un problema. Todas las tardes salgo de caza con mi madre, mis hermanos y hermanas. Siempre me lo paso bien hasta que la luz desaparece. Todo se vuelve oscuro y temible. Me inquieta la oscuridad, y me asusta.
¿A dónde se va la luz?

No quiero oscuridad,
en la pradera

26

cachorro de
guepardo

Dr. Edi Lupa
¡Solución a tus problemas!
C/ Volando sobre el agua, 1
Arroyo fresco 321, El Soto

Sol

Tierra

de noche

Querido **No quiero oscuridad:**
Aquí, en el planeta Tierra, nuestros días
están formados por días luminosos y
noches oscuras. Toda la luz que tenemos
proviene del Sol, una estrella que arde lejos
en el espacio. Como la Tierra es una esfera que
gira, la luz llega únicamente a un lado del planeta,
mientras que se hace de noche en la otra. Según
gira la Tierra, la parte iluminada se aleja del Sol y
llega la sombra de la noche. La noche es fresca y
tranquila, y no tienes nada que temer. Acurrúcate
y disfruta del sueño nocturno. Por la mañana, el
Sol volverá.

Un saludo,

Dr. Edi Lupa

27

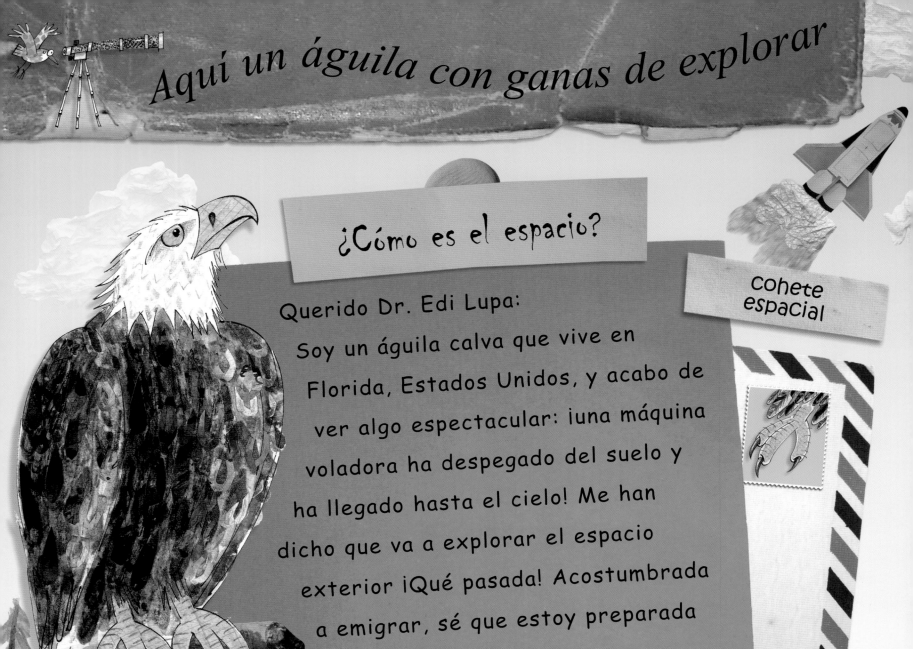

¿Cómo es el espacio?

cohete espacial

Querido Dr. Edi Lupa:

Soy un águila calva que vive en Florida, Estados Unidos, y acabo de ver algo espectacular: ¡una máquina voladora ha despegado del suelo y ha llegado hasta el cielo! Me han dicho que va a explorar el espacio exterior ¡Qué pasada! Acostumbrada a emigrar, sé que estoy preparada para explorar.

¿Dónde debería empezar?

Pionera espacial,
en los pinos

arrendajos azules

28

Dr. Edi Lupa
¡Solución a tus problemas!
C/ Volando sobre el agua, 1
Arroyo fresco 321, El Soto

atmósfera

Tiera

espacio

Querida **Pionera espacial:**

Siento desilusionarte, pero no podrás explorar el espacio. El espacio es un entorno muy duro, y la Tierra es seguramente el único lugar en el que pueden sobrevivir animales y plantas. Nuestro planeta está exactamente a la distancia correcta con respecto al Sol, por lo que no hace ni demasiado calor ni demasiado frío. Tiene agua, y está protegido por la atmósfera, una capa de gases que contiene el oxígeno que necesitamos para sobrevivir.

En la Tierra viven millones de criaturas diferentes. Si tienes ganas de explorar, ¿por qué no extiendes tus alas y vuelas por nuestro maravilloso hogar?

¡Disfruta del viaje!

Dr. Edi Lupa

águila calva

29

Glosario

arroyo
Río pequeño.

atmósfera
La mezcla de gases que rodea la Tierra.

clima
El conjunto de condiciones atmosféricas habituales que caracterizan a una región del mundo.

colonia
Grupo de animales que viven en comunidad.

continente
Una de las siete grandes masas de tierra del planeta.

costa
Extensión de tierra junto al mar.

Ecuador
Línea imaginaria que rodea el centro de la Tierra.

espacio
La zona exterior a la atmósfera de la Tierra, donde se encuentran las estrellas y los planetas.

gas
Sustancia muy ligera e informe a menudo invisible. El aire es una mezcla de gases diferentes.

globo terráqueo
Mapa del mundo de forma esférica, o el propio mundo.

gravedad
Fuerza invisible que tira de las cosas hacia el centro de la Tierra. Es la gravedad lo que hace que los objetos caigan al suelo.

manantial
Lugar en el que fluye agua de la tierra.

mar
Una gran masa de agua salada. Los mares son más pequeños que los océanos.

marea
Movimiento de subida o bajada del mar.

Medio Ambiente
El tipo de entorno natural en el que viven animales, plantas y personas.

migrar
Moverse de una parte del mundo a otra para pasar una parte del año.

montaña
Parte de la superficie de la Tierra alta y rocosa, mucho mayor que una colina.

océano
Un mar de agua salada muy grande de la superficie de la Tierra.

oxígeno
Gas que se encuentra en el aire. Todos los seres vivos necesitan oxígeno para vivir.

planeta
Esfera muy grande que gira en torno a una estrella. La Tierra es un planeta que gira alrededor del Sol, nuestra estrella más cercana.

temperatura
Medida de lo frío o lo caliente que está algo.

terremoto
Movimiento repentino de la superficie de la Tierra. Puede provocar muchos daños.

vibraciones
Movimientos de agitación

volcán
Montaña con un orificio en su parte superior del que sale roca caliente, lava, gases, vapor y polvo desde el interior de la Tierra.

Índice de términos